BIG MACHINES

MÁQUINAS GRANDES

BIG TRACTORS

TRACTORES GRANDES

Written by / Escrito por: Sebastian Smith
Translated by / Traducción de: Pablo de la Vega

TABLE OF CONTENTS

ÍNDICE

A Crabtree Seedlings Book
Un libro de El Semillero de Crabtree

Crabtree Publishing
crabtreebooks.com

Big Tractors

Tractors are big machines.

Tractores grandes

Los tractores son máquinas grandes.

People use tractors to do work.

La gente usa los tractores para algunos trabajos.

INTERNATIONAL

Farmers could not farm today without big, powerful tractors.

Los **granjeros** no podrían cultivar hoy en día sin tractores grandes y poderosos.

Tractors have big **engines**.

Los tractores tienen **motores** grandes.

Tractor tire
Rueda de tractor.
Car tire
Rueda de automóvil.

Big tires help tractors move through mud, snow, and water.

Unas ruedas grandes ayudan a los tractores a moverse a través del lodo, la nieve y el agua.

Big tires and big engines help tractors pull **heavy** things.

Ruedas grandes y motores grandes ayudan a los tractores a jalar cosas **pesadas**.

Tractors can also pull very **wide** things.

Los tractores también pueden jalar cosas muy **anchas**.

Tractors are used for other jobs too! They move snow in the city.

Los cargadores son usados también para otro tipo de trabajos. Mueven la nieve en las ciudades.

We use them to build roads and bridges.

Los usamos para construir caminos y puentes.

Large mirrors,
for seeing behind you
Espejos grandes,
para ver detrás.

Soft seats,
for sitting
and working
long hours
Asientos suaves,
para sentarse
y trabajar
muchas horas.

Large tires, so you
don't get stuck in mud
Ruedas grandes, para
no atascarse en el lodo.

High engine muffler, for going in water
Tubo de escape alto, para poder meterse al agua.

Large powerful engine, for pulling heavy loads
Motor grande y potente, para jalar cargas pesadas.

Powerful lights, for working at night
Luces potentes, para trabajar de noche.

Tractors are big, bad machines.

Los tractores son máquinas grandes y fuertes.

Glossary / Glosario

engines (EN-juhnz): Engines use fuel to create the power to make machines move.
motores: Los motores usan combustible para crear la potencia necesaria para mover una máquina.

farmers (FARM-urz): Farmers are people who grow crops or raise cattle.
granjeros: Los granjeros son personas que cultivan plantas o crían ganado.

heavy (HEV-ee): Heavy things weigh a lot.
pesadas: Las cosas pesadas tienen un peso muy grande.

wide (WIDE): Wide things are long from side to side.
anchas: Las cosas anchas miden mucho de un lado al otro.

Index

Índice analítico

School-to-Home Support for Caregivers and Teachers

This book helps children grow by letting them practice reading. Here are a few guiding questions to help the reader build his or her comprehension skills. Possible answers appear here in red.

Before Reading

- **What do I think this book is about?** *I think this book is about big tractors. I think this book is about farming.*
- **What do I want to learn about this topic?** *I want to learn how fast a tractor can go. I want to learn if tractors can be used in the city.*

During Reading

- **I wonder why...** *I wonder why tractor tires are so big. I wonder why tractors have headlights.*
- **What have I learned so far?** *I have learned that tractors can be used to move snow. I have learned that tractors can be used to help build roads.*

After Reading

- **What details did I learn about this topic?** *I have learned that tractors have soft seats for sitting and working long hours. I have learned that tractors have large tires so they don't get stuck in the mud.*
- **Read the book again and look for the vocabulary words.** *I see the word **engines** on page 8, and the word **farmers** on page 6. The other glossary words are found on page 23.*

Apoyos de la escuela a los hogares para cuidadores y maestros

Este libro ayuda a los niños en su desarrollo al permitirles practicar la lectura. Abajo están algunas preguntas guía para ayudar al lector a fortalecer sus habilidades de comprensión. En rojo hay algunas opciones de respuesta.

Antes de leer:

- **¿De qué pienso que tratará este libro?** *Pienso que este libro es sobre tractores grandes. Pienso que este libro es sobre agricultura.*
- **¿Qué quiero aprender sobre este tema?** *Quiero aprender qué tan rápido puede ir un tractor. Quiero aprender si los tractores pueden ser usados en las ciudades.*

Durante la lectura:

- **Me pregunto por qué...** *Me pregunto por qué los tractores son tan grandes. Me pregunto por qué los tractores tienen luces.*
- **¿Qué he aprendido hasta ahora?** *Aprendí que los tractores pueden mover la nieve. Aprendí que los tractores son usados en la construcción de caminos.*

Después de leer:

- **¿Qué detalles aprendí de este tema?** *Aprendí que los tractores tienen asientos suaves para sentarse y trabajar muchas horas. Aprendí que los tractores tienen ruedas grandes para no atascarse en el lodo.*
- **Lee el libro de nuevo y busca las palabras del vocabulario.** *Veo la palabra **granjeros** en la página 7 y la palabra **motores** en la página 9. Las demás palabras del vocabulario están en la página 23.*

Crabtree Publishing

crabtreebooks.com 800-387-7650

En Canadá: agradecemos el apoyo económico del gobierno de Canadá en nuestras actividades editoriales.

Hardcover 978-1-0398-6917-2
Paperback 978-1-0398-6896-0
Ebook (pdf) 978-1-0398-6938-7
Epub 978-1-0398-6959-2

Published in Canada Crabtree Publishing
616 Welland Avenue
St. Catharines, Ontario
L2M 5V6

Published in the United States Crabtree Publishing
347 Fifth Avenue
Suite 1402-145
New York, NY 10016

Written by/Escrito por: Sebastian Smith
Translated by/Traducción de: Pablo de la Vega
Spanish-language layout and proofread/Maquetación y corrección en español: Base Tres

Photo Credits: istock.com, shutterstock.com, Cover: photoschmidt - Pg4-5; fotokostic, oticki - Pg6-7; elleon, ClarissaPainter --Pg8-9; Tofotografie, stefann11 - Pg10-11; lcs813, tntemerson - Pg12-13; Lubo Ivanko, valio84sl - Pg14-15; fotokostic - Pg16.17; Garry518, kordovsky - Pg18-19; Viktorcvetkovic, Shutterstock.com - Pg20-21; fotokost, valio84sl - Pg22-23; kamski

Library and Archives Canada Cataloguing in Publication
Available at the Library and Archives Canada

Library of Congress Cataloging-in-Publication Data
Available at the Library of Congress

Printed in Canada/012025/CP20250101